CIELOTIERRA

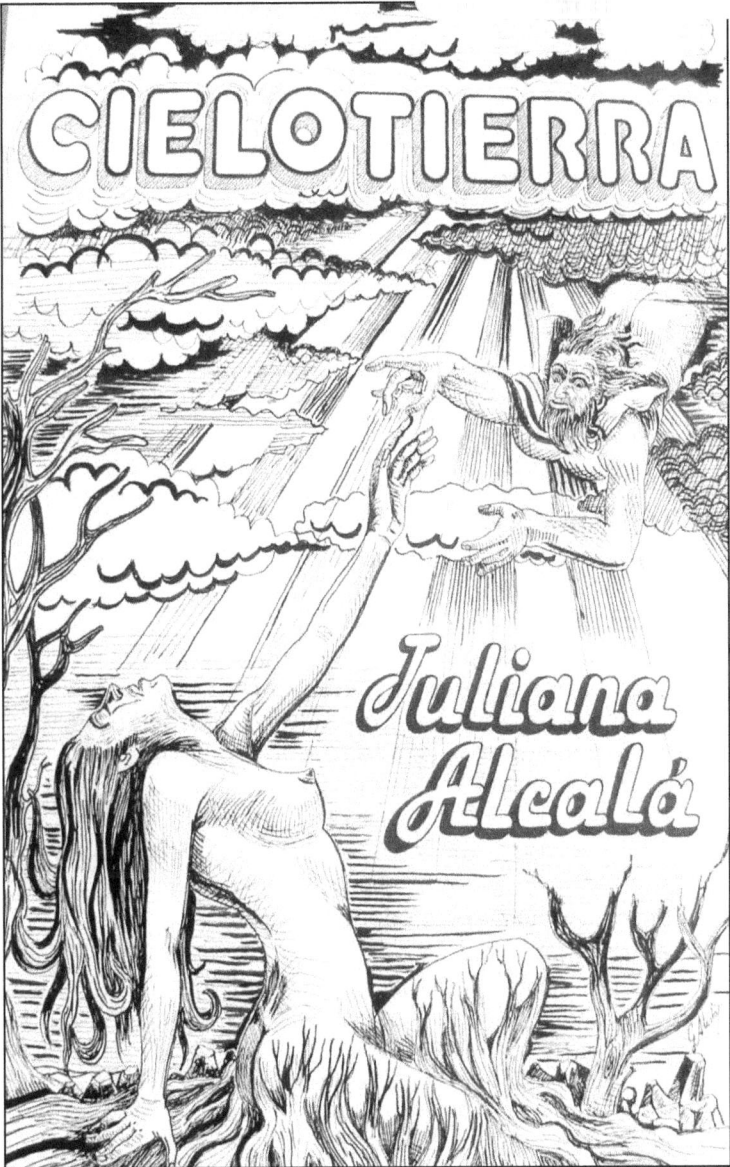

Juliana Alcalá

CIELOTIERRA
Dimensión imaginaria

Quinta Edición
©Copyright 1989
JULIANA ALCALÁ
ISBN: 978-607-00-1028-6
ILUSTRACIONES POR:
GABRIEL ALCALÁ NEGRETE

Este libro se terminó de imprimir el
20 de agosto del 2022
Impreso por: Kindle Direct Publishing

A mi padre, por el amor que me ha regalado

a través de su arte extraordinario.

Este no es un primer libro de poesía, es apenas un intento de decir, un anhelo de plasmar parte de mí a través del maravilloso don de la palabra.

A quienes de alguna manera han hecho posible CIELOTIERRA, vaya mi agradecimiento, en especial a aquel que quiso escucharme, al que se internó en mi solitario mundo para rescatarme del silencio y dejando su huella, animarme a escribir estas páginas que nos nada más que el comienzo de mi vida como escritora.

Juliana Alcalá

PRÓLOGO:

Al fin despiertan tus fantasmas a la vida, se muere el silencio como se muere la niña que decide volar hacia el reencuentro de una nueva mujer que, en el camino, mucho ha ganado y nada pierde.

Se ganó una fémina valiente, sin cobardía ante los sueños de soles fundiendo sus lanzas dentro de ritos dantescos que corrompían su esperanza, detrás de caretas y miedos.

Mentira que seas "metáfora de todo y verdad contundente de la nada", cuando puedes descifrarnos los sueños de Juanito y dar un dulce adiós -no sin dolor- sereno y reposado, a esa madre, tu almita dolorida que en vida compartió contigo el sueño y que, hasta hoy, te empuja siempre... no de lejos... en la realidad de azules letras que hoy cantan en tu corto episodio de la muerte.

Ella aún es contigo, como Camila a Ladislao, como Yolanda a su piano. Te mira nacer de nuevo en una decisión madura, consciente; en tu esperanza de un mañana... en tu acariciado entonces...

Porque las dos saben ya -creo que lo supieron siempre-, que ninguno de los males, es eterno, y que las internas luchas pueden ganarse con las letras del alma o con la muerte.

De alguien más conozco los presagios, los buenos augurios en tus triunfos, y miro en ti su escuela, su estilo y su manera, en tu artrópoda voraz y contundente, muy al modo del que te abrió las puertas los mismo siendo

Myriam que Juliana; igual con tu pluma o tu guitarra -poema o música-, la misma que le asemejaba una campana, la que sentencia a los sordos o canta como una golondrina resignada soñando fines del mundo, apocalipsis futuro de profetas: el "Notata".

Coherente con el ser, extrañamente injusta en tu concepto de los peces que no pueden volar porque no quieren.

Tú nunca, ya no... Si alas te da el goce de un poema, alas tendrás para alcanzar el cielo o ir tras el barquito que surca tu mar de los recuerdos, llevando consigo los sueños que recién estrenados te robó la aurora.

Ya no podrás decir de tu Babel destruida, ni preguntar ¿por qué será? -de no ser por abulia-, si pluma y versos, hora y tiempo, se hicieron hoy presentes, tan ciertos como Gandhi, como tu cómplice chileno, como el juglar "Notata"; y en la verdad de tu raíz y de tu sangre...

Sin dejar de ser, sin lastimar por serlo, porque entienden sin más miedo al padre tiempo, que fue así su voluntad, amar contigo en la espera, amar en su conjunto en la lira, en la voz, en la tinta y los pasteles que develan tu momento.

Por tus ángeles de ojos claros, por tu Bruno compañero, por los que en ti creemos; por los que oímos un canto para ti en el tuyo a la Alfonsina, a la soledad aguda –a la tuya-, a su haber querido oír sin elecciones... al no dejar de ser –y poder serlo-, al no destiempo ni más verdad primera que te duela, porque ya se fue; se ha ido como se fueron los miedos, como se te fue el silencio al encontrar una nota de violín acompañándote en tu concierto de vientos.

Hoy es tu verdadero canto; empiezan apenas las notas del más íntimo de los convenios escrito en tu lenguaje, contigo misma; con todo el que te quiere, con todo aquel que te lea. Comprometida en tu decir, en crecer, en superar, y más aún con aquellos que después de impuestos los silencios, sigan contigo vibrando al amor de Camile, que vivirá para siempre, a partir de hoy, por inmortal compromiso en la "Dimensión Imaginaria" de tu Cielotierra.

Maricarmen Campuzano

DE VIDA Y SUEÑOS

SILENCIOS

Callé por ti,
pero tu paz no estriba en mi afonía,
y mi paz, se alejó hace mucho tiempo,
cuando murió mi voz,
cuando llegó esta mudez
que a ti te hace feliz
y a mí me abre las puertas del averno.
¿Por qué le tienes miedo a mis palabras,
que no por no por no externarlas
se me olvidan?

y en cambio vas volviendo a mis silencios
afiladas saetas que lastiman.
No sé cómo es que aquella melodía
que juntos entonamos tantas veces,
se convirtió en tu solo de violín
callando a mi tonada en el concierto.
Mas ten cuidado amor, porque en la vida
hay tantas voces y hay violines tantos,
que puede aparecer en el camino
otro violín vibrando en armonía con
el silencio de mis notas mudas.

REENCUENTRO

Y pensar que fui niña de cabellos trenzados,
de rodillas raspadas y zapatos manchados;
la niña que jugaba a contar las estrellas,
que imaginaba duendes y creía en hadas bellas.

Recuerdo que soñaba con ser adolescente,
que deseaba crecer con ilusión ferviente,
cuando de pronto me vi ante la presencia
de la tan esperada adolescencia.

De mi inocente infancia fui perdiendo reflejos,
cambié el contar estrellas por cortejos,
debuté en las caricias con honores
y aprendí a comunicarme con las flores.

Mas sin ser suficiente vivir en primavera,
quise probar la miel por vez primera,
el hilo del deseo su red empezó a tejer
y de ingenua adolescente, sin más me volví mujer.

Entonces mi verso se volvió canción de cuna
y yo madre arrullando a la luz de la luna,
disfruté la alegría de los primeros pasos,
de las palabras nuevas, de los tiernos abrazos.

fueron años felices, salpicados de llanto,
¡casi sin darme cuenta había vivido tanto!
Y así... sin darme cuenta, sin piedad,
llegó la inesperada soledad.

Me sentí de repente como una hoja al viento
un poco viva y muerta en un momento.
Caminé sin saber por caminos inciertos,
entre frases vacías y hombres yertos.

Penetré en el ojo de las tempestades
cabalgando al lomo de todas mis verdades,
una voz interior se convirtió en espejo
de todo lo olvidado, de lo añejo.

De mis pupilas verdes se escaparon dos ríos
que lavaron mi ser hasta quedar vacíos,
hasta pedir perdón y perdonarme,
hasta aprender por fin de nuevo a amarme.

Mucho tiempo después llegó la calma,
se secaron mis ojos, rescaté mi alma,
detuve mi carrera en el camino
y acepté que era autora de mi propio destino.

El señor del silencio se aposentó conmigo
siendo de mis quimeras el testigo
y en esa intimidad me vio crecer,
aferrarme a la vida... florecer.

Hoy me siento mujer como nunca antes
y atesoro uno a uno los instantes;
hoy vuelvo ilusionada a contar las estrellas
que ni aun cuando niña me parecían tan bellas.

Hoy quiero que pase el tiempo lentamente
y me siento de nuevo adolescente.
Hoy, agradezco todo lo aprendido,
nada en vano viví, nada he perdido.

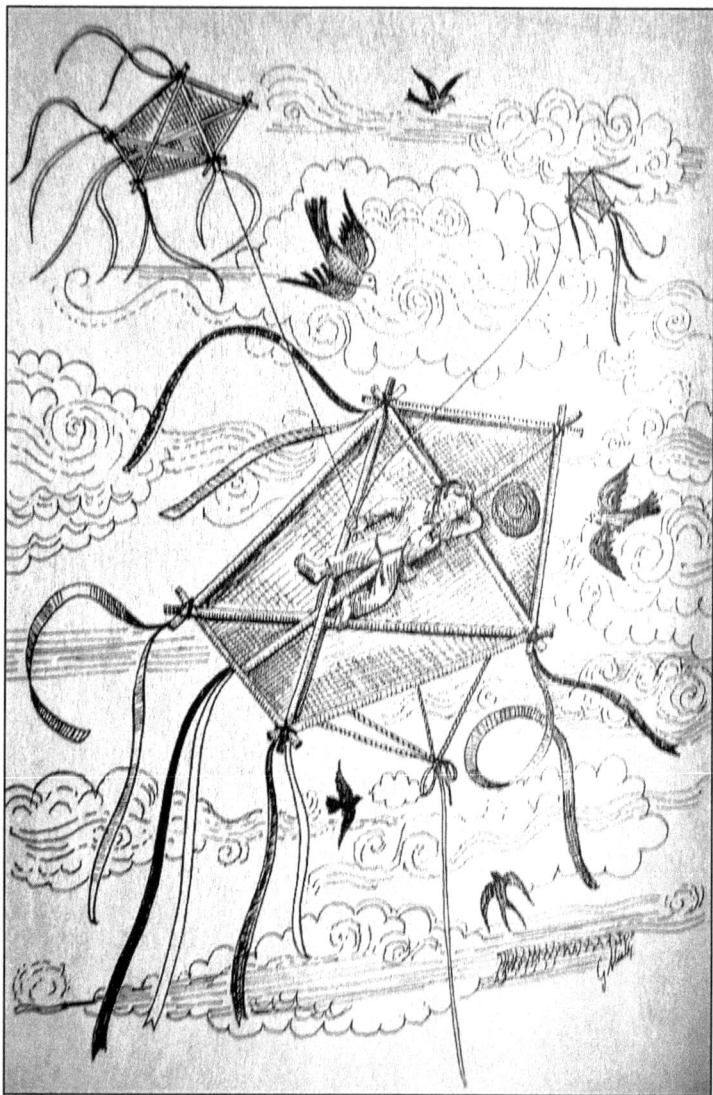

A JUANITO

Niño descalzo
nacido en la pobreza
arquitecto incansable
de cometas parchados,
papel aquí, madera allá,
cada unión un suspiro,
cada metro de altura
una esperanza.
El papalote sube...
Juanito sueña.

SIMPLE SUEÑO

Poco a poco descubro los fantasmas
que han llenado de luto mi existencia,
van cayendo a mi paso las caretas
en medio de burlonas carcajadas.

A más de la mitad de mi camino
tengo un saldo sin cuenta como artista,
he sido una metáfora de todo
y verdad contundente de la nada.

La lírica en mi canto se asemeja
a una punta de lanza que se asoma,
a un cincel que se quiebra sin remedio
por tanto indiferente que no escucha.

Mis poemas si acaso se asemejan
a molinos de viento que se mueven
si un vendaval de pronto los agita,
pero si este se marcha, se detienen.

He sido corrupción de la esperanza,
un ser que nunca fue lo que esperaba,
el manantial tranquilo de unos cuantos
y el verdugo implacable de mi alma.

Si pudiera callar ¡ay si pudiera!
a esta voz que sin tregua me atormenta,
a la que grita impía mis medianías
mi mediocre valor o mis carencias.

Aparece ante mí como dantesca
toda esta realidad de olor añejo,
es absurdo soñar que dejo huella,
cuando sólo ha sido eso...
un simple sueño.

TAN CERCA... TAN LEJOS

"Escríbeme un poema", me dijiste,
con esa voz que viene de lo eterno,
con ese amor profundo y elevado
que no puedo explicar,
pero que siento.

"Escríbeme un poema", me pediste,
desde tu nube azul,
desde tu Cielo,
ese lugar lejano y tan cercano
que está en mi corazón,
pero no alcanzo.

Soy a veces Caín
cuando doy muerte
a todo lo que tú me has inspirado,
y a veces soy Tomás
cuando no creo
los milagros que pones en mis manos.

Mas también
por momentos me convierto

en destello de luz
de tenue brillo,
y a pesar de todos mis errores,
de todas mis traiciones y mis dudas,
por encima de todo
sé que te amo.

Sé que algún día por fin
podré escribirte
el poema de amor
que de mí esperas,
ese poema que diga sin palabras
lo que mi nimio ser
quiere decirte.

Lo escribiré con gotas de agua viva,
con semillas de luz
en mi sendero,
con ejemplos de amor,
como tú quieres,
así, sin más palabras
que mis hechos.

TU LLEGADA

Llegaste a mí en silencio, de repente,
como llegan los sueños a la vida
como el cántaro que llega hacia la fuente
como premio de mi alma redimida.

Me encontré con tus ojos solitarios
tan negros como el fondo de los mares,
tan tristes como cuentas de rosarios,
tan bellos como El Cantar de los Cantares.

Al verte besé tus manos y tu frente
y le puse tu nombre a mi razón,
que importa si no fuiste mi simiente
si has venido a llenarme el corazón.

SEPTIEMBRE

...Y de pronto existí,
y mi amiga la vida
me regaló muchos sueños
para poder celebrar.
Sueños verdes y violetas
matizados de blancura,
unos con olor a tierra,
otros con sabor de mar.
Entre edredones de plumas
se cobijaron mis sueños,
y con sueños y entre plumas
un día decidí bordar.
Me bordé unas alas grandes
con mil sueños de colores
y un año al llegar septiembre,
por fin comencé a volar...

REGALOS

Y pensar que hace tan poco
que la llevé de la mano
para entregarle un estuche
que le quise regalar.
Tenía zapatos de nube,
y collares de inocencia,
labial de pintar sonrisas,
y el manual de la verdad.

Tenía una caja de sueños
con pinceles de colores,
dos alas de golondrina
por si quisiera volar,
una lámpara encendida
que iluminara sus pasos
y ramitos de esperanza
también le quise obsequiar.

Así mi pequeña infanta
con amor siguió creciendo
mientras todos sus regalos
uno a uno iba abriendo.

Todos ellos le gustaban,
algunos más, otros menos,
Algunos abrió muy pronto,
con otros tardó más tiempo.

Un día entre tantos regalos
se encontró su predilecto,
y colmada de ilusiones
descubrió su libertad.

Así mi niña de antaño
se alejó elevando el vuelo
llevándose sus regalos,
dejándome sus recuerdos.

Sólo me queda su risa
de vez en cuando en verano,
cuando evocando su nido
regresa a mi soledad,
y entre el brillo de sus ojos
y una caricia apurada
me agradece aquel estuche
que un día le quise obsequiar.

DE LA MUERTE

ADIOS

I

Almita dolorida que te marchas
con la enlutada que ronda en el silencio
blandiendo su guadaña perfumada
con flor de cempasúchil.

Duendes blancos de rostros impasibles
entran y salen sin pisar el suelo
bajo la más siniestra melodía
de gotas por conteo.

Y tu aquí, florcita agonizante
de este jardín desierto,
sosteniéndote al hilo de la vida
por el profundo amor a tus raíces.

¡Cuánto estertor de muerte se respira
en este paraje desolado!
¡Cuán grande mi dolor, mi sentimiento,
al saber que te vas y que te pierdo!

II

Para cuando te vayas,
mis canciones
se volverán tan sólo notas frías,
y aquellas musas tersas que me asisten
han de llorar conmigo tu partida.

Para cuando te vayas,
las caricias se volverán palomas sin regreso,
y ocupará tu sitio sin remedio
el más triste silencio.

Cuando te vayas tú se irá perdiendo
el aroma que tienen los rincones
y se abrirá la caja de Pandora
que guarda mis recuerdos.

III

No sé por qué está triste la mañana
si siempre brilla el sol en estas tierras,
¿será por coincidencia que hoy te fuiste,
o será que te extraña igual que yo?

¡Qué raro me parece este paisaje
de nichos blancos con sus blancas cruces,
y este silencio que me trasmina el alma
y me da paz también al mismo tiempo!

Allá a lo lejos bocanadas de humo
se van fundiendo con las nubes grises,
mientras lenguas de fuego interminables
se devoran tu cuerpo.

Espero la vasija de tus restos
paseando a solas el jardín de los muertos
pensando en este absurdo de la vida
que quizá entenderé si llega el tiempo.

¡Hay tantos que transitan por la vida
insensibles y fríos como este pueblo inerte
como sepulcros blanqueados por afuera,
pero llenos de podredumbre por adentro!

IV

Mas, así como hay Dios yo te prometo
que he de gritar tu nombre al infinito

para que sepa el mundo que tu fuiste
de una casta suprema hasta la muerte.

Porque aún frente a toda tu desgracia
te brotaron milagros de las manos, y
lograste que te amaran los extraños
de rostro inalterable y trajes blancos.

Los conquistaste igual que allá en antaño
lo hiciste con mi tierra mexicana
quien sin estar conforme con un rato
te guardó en sus entrañas para siempre.

Sabia mujer de sencillez castiza
fruta de Dios multiplicada en tantos,
el ejemplo que tú nos enseñaste
será el que guíe por siempre nuestros pasos.

Nos pariste cachorros de leona
que jamás se amedrentara ante la vida,
¡Fieras hemos de ser para mostrarte
que honraremos tu estirpe!

ARTROPODA

Entrelaza su tegumento fantástico

mientras el macho patrulla

con libido interés.

En su afán de conquista

ninguno se cuestiona

¿violar... matar...?

YOLANDA

¿Cómo no recordarte
con tus cuencas enormes
sumidas en las sombras,
aferrados a tu alma
los demonios de la desventura?
No te olvido sentada frente al piano
tocando sin piedad,
lastimando tus dedos,
convertida tan sólo en cascarón,
pálida como el hielo.
Te veo en eterno insomnio
copulando con tantas pesadillas,
desgarrador lamento de preguntas,
que te dejaron vencida ante las plantas
del más triste silencio.
¡Con qué crueldad sin tregua
castigaste la razón de tu instinto!

¡No puedo perdonarte tu repudio a la vida

ni la entrega de tus restos

a la desesperanza!

Te fuiste apagando lentamente,

cual ceniza de hoguera que se extingue,

y yo me quedé aquí,

con tu recuerdo,

y este amargo sabor de inevitable

mi querida Yolanda.

DE LA SOLEDAD

SONETO DE LA SOLEDAD

Oh triste soledad que me acompañas
cual designio fatal de lo divino,
con tu sabor añejo como el vino
embriagando de amargo mis entrañas.

Mentirosa egoísta que me engañas,
haciéndome creer que mi destino
es llevarte a mi vera en el camino,
pues ya me quieres tanto, que me extrañas.

Mas no pienso dejarte, aunque pudiera
porque a pesar de todo tu veneno
eres mi única amiga en la quimera.

Por eso con tu malo y con tu bueno
no te alejes de aquí, y aunque me hiera
cobíjame de nuevo entre tu seno.

DANIEL Y CLARISA

Cuando nació Daniel nadie hizo fiesta
para así celebrarle la llegada,
no hubo flores, ni dulces caramelos,
ni habanos en la casa.

Cuando nació Daniel su bienvenida
fue el sonido del mar que lo arrullaba
y las gotas de sal que hacia su rostro
caían desde los ojos de Clarisa.

Sus únicos amigos, las tortugas
y los cangrejos corriendo por la playa,
las gaviotas que volaban en el aire
y las conchas que guardaba en una caja.

Cantaba, aunque sólo había escuchado
la música del agua en sus rodillas
y el silbido de barcos que a lo lejos
llenaban de temores a Clarisa.

Daniel se refugiaba entre su abrazo
por amor a Clarisa y no por miedo;
sin entender que en un navío de aquellos
llegó el que sin piedad borró sus sueños.

Sentados en la playa por las tardes,
pasaban mucho tiempo,
Clarisa, haciendo cestos con pajilla,
y él dibujos de arena con los dedos.

Rompieron muchas olas,
muchos nuevos ocasos ocurrieron,
Clarisa, siempre tejiendo soledades,
Daniel, tantas preguntas y deseos.

DIECIOCHO AÑOS

Aún me dueles como ese primer día,

como el primer rechazo,

la primera verdad.

Me dueles en mis ángeles de ojos claros

en sus triunfos y alegrías,

sus derrotas y sus miedos;

en mi vientre abultado

en mi parto de adiós,

en aquellos diecisiete abriles

y en estos treinta y cinco años.

Me dueles en tu imagen de todo poderoso

y en el ídolo caído que eres hoy,

me dueles en tu tiniebla y en tu luz;

en mis sombras de entonces

y en esta claridad.

Me dueles al pensar que en ti mi ausencia

no ha sido más que un cambio de perfume,

solo una voz distinta que te canta

y nuevo cuerpo para llenar tu cama.

Eres dolor profundo que me obliga

a escribir sobre todas estas cosas,

las que jamás te dije,

las que siempre callé y lloré en silencio

para que no sufrieras.

DE LA MEDITACIÓN

ENTONCES

Morir... nacer de nuevo...
otro sol, otro nombre;
no más inseguridad en un mismo espíritu.

Entonces brotarán las margaritas
olvidadas en el barro del camino,
arrancaré la zarza que anuda mi garganta
y empuñaré la vida.

Porque la hoja en el árbol
no dura para siempre
sé que mis males no son eternos.

APOCALIPSIS

Quisiera vivir el tiempo suficiente
para alcanzar al hombre del futuro
un hombre que será mejor, lo juro
que los autistas locos del presente.

Renovarán el pacto de su frente
quienes darán su luz al mundo oscuro,
habrán de derribar también el muro
que detiene al espíritu y la mente.

Donde el dolor dibuje su silueta
han de venir los ángeles a Tierra
cuando calle la última trompeta.

Después vendrá la paz, no habrá más guerra
será como en los sueños del profeta
un capítulo más que así se cierra.

PRESAGIOS

...Y después del silencio,
habrá música y fiesta en la casa del amo,
y cantarán a coro los marcados
en una cuarta parte del planeta.
No más necios, ni sordos,
sólo musas descubriendo sus rostros.
Entonces reirá Elías,
aquel que comía langosta y miel,
ya no estará *Notata* desolado
al comprender al fin lo que Myriam decía:
«Los que no son, callarán;
el que Es, será para siempre,
abundarán los panes y vinos añejados
para cuando suceda cielotierra.
¡Adiós muerte aparente,
adiós dolor de fuego y hiel,
adiós nostalgia del hogar Paterno,
bienvenidos repatriadas de Santa Jerusalén!»

LOS SORDOS

Triste recurso de limpiar con agua
lo que tan sólo el fuego,
solución de hombres pequeños
que jamás entendieron el ejemplo.

PREGUNTAS

¿Quién tuvo la osadía -me pregunto-
de condenar la mezcla entre razas?
¿a quién se le ocurrió decir que importa si
son negros o blancos los que se aman?
lo importante es amar, es lo que importa,
no el color de la piel que lo disfruta.
Mas, ¿cómo explicar a un ciego el verde,
o el intenso color de la manzana?
¿Es acaso mejor el mango que la uva,
o se trata solamente de sabores,
de gustos, de texturas?
¿Quién dijo si es más bella la violeta
que un crisantemo abierto en la mañana?
¿o si es mejor el aroma de una rosa
que el de una gardenia?
¿Puede alguien atreverse a asegurarme
que a Dios se habla en latín o en arameo?

¿o que es más grande Buda que Mahoma,

o mejor el cristiano que el hebreo?

¿De dónde surgió todo este desatino

que nos conduce a tanta soledad?

Igual nacimos todos a la vida,

todos con llanto, friolentos y desnudos;

y será igual en todos la partida

cuando llegue el momento del final.

LOS PECES

La gente vana

a ratos se parece

a los peces del fondo de las aguas;

nadan, sólo nadan

sin extrañar la luz,

sin desear alas,

sin tener que decir,

sin decir nada…

LOS SUEÑOS

¿A dónde van los sueños cuando despiertas?
Los míos se alejaron en barcos de papel
perdiéndose en un mar de recuerdos.
Esta vida inconclusa fue su herencia
y en tanto el viento sopla
sobre mí cae la noche.

DEL AMOR

MUSA

Hoy siento que tu tiempo
va perdiendo sentido en mi existencia.
¡Tiempo es lo que falta
para escribir mis versos!
¿Por qué me pesa tanto entre los
dedos esta pluma que plasma
sentimientos, si mañana otra vez voy
a empuñarla con el mismo deseo?
¡Que profunda,
que intensa esta tortura,
tu afán de roerme las entrañas!
¡Mas qué inmenso placer
cuando tu mano por dentro me desnuda!
Eres musa quien se acaba mi vida
cada instante que piso tu universo,
pero no tiene nombre mi agonía
cuando a ratos te pierdo.

Me lanzas con furia en el infierno

y luego me rescatas del silencio,

hacemos el amor,

me besas, te beso,

y dejas algo escrito de recuerdo.

Te confieso...

a veces siento miedo

de tocar a las puertas de tu alcoba,

mas que diga Neruda si no es cierto

que igual le sucedió cuando te amó.

Por eso, una vez más,

bajo tu seno,

extasiada ante toda tu belleza,

te pido aquí de nuevo,

arrodillada,

la inspiración en mí

de tu voluntad.

DEL AMOR

Con curiosidad preguntas
si he conocido el amor,
yo sin dudar te respondo
que sí, que conozco dos.
Uno con los ojos negros,
otro, de color marrón.
Hay uno que pisa siempre
con paso firme y seguro,
hay otro que está aprendiendo a
caminar sobre el mundo.
Uno de ellos me cobija
como polluelo de encino,
el otro me pide abrigo
para sentirse dichoso.
Las caricias que recibo de uno
me llenan de fuego,
las del otro de ternura

que me suaviza por dentro.

Uno va pintando canas

y enseñanzas en el alma,

el otro soles sonrientes

y florecillas con patas.

A los dos les crecen alas

que va madurando el tiempo,

uno es águila dorada,

otro, gorrión inexperto.

Uno seguirá a mi lado

construyendo su destino

y el otro se irá alejando

para hacer su propio nido.

Con curiosidad preguntas

si he conocido el amor,

yo sin dudar te respondo

que sí, que conozco dos.

JUEGOS

Bruno quisiera beberla,
poseerla todo el tiempo,
cada día, cada hora,
mientras que Claudia disfruta
por tanto hacerlo esperar.
Le divierte ese juego de
"ahora no... mañana..."
Claudia se siente alagada,
y Bruno la desea más.
Protagonistas de hazañas
-incontables para muchos-
cabalgan juntos por horas,
como los perros en marzo,
penetrando en oquedades
casi prohibidas algunas;
se bañan en leche fresca
y después de la aventura,
adormecen sus deseos
hasta otra noche...
otra aurora.

INOLVIDABLE ALFONSINA

La gente del pueblo
dice que se ahogó en el mar
porque sólo encontraron
sus ropas en la arena.
Tal vez si hubiera hablado…
Quizás si hubiera dicho…
Pero a mí me bastaba
con ver al viento acariciar su pelo,
o contemplar al sol bañándole la piel.

Era ante mis ojos la imagen de las Evas,
las Magdalenas juntas,
las vírgenes todas.
No pude con mi voz violar su templo,
mas, mi silencio fue
como una ofrenda.

Pero el mar…
El mar no se conformó
con besarle los pies desde la playa,
la quería para él,
como para él son las caracolas
y el millón de secretos

que guarda entre sus aguas.

Yo no estuve aquí para decirle adiós;
quisiera creer que por eso se fue,
quisiera pensar por una sola vez
que le hice falta.

Cuando escucho el murmullo de las olas
me parece que se ríen,
es como si se burlasen
por haberme robado
el único tesoro que tenía.

¡Tonto de mí!
Hablar de ella como mía
cuando ni siquiera sabía de mi existencia,
cuando no permití que sus ojos
se encontraran con los míos
para no estorbar su mirada
profunda al horizonte.

No sé si me estaré volviendo loco,
tal vez siempre lo haya estado,
pero en las noches,
me parece descubrir su figura majestuosa
caminando entre las rocas
y juro por Dios,
que he escuchado su voz
como un canto de sirena.

Viene el día…
de nuevo oscurece…
y yo sigo aquí… esperando…

Los médicos han dado su diagnóstico:
"Enfermedad grave" han dicho,
"pero desconocida".

¡Qué sabrán ellos
de los males del alma!
Yo sé que mi dolencia es la melancolía,
y que ha sido causada
por esta profunda soledad.

Más pronto estaré bien,
porque mañana…
mañana encontrarán
mis ropas en la arena.

LADISLAO Y CAMILA

Camila tenía los ojos
lejanos como suspiros,
Ladislao siempre callados
como preguntas sin eco.

Ella pasaba las horas
sentadita frente al piano,
él dando sus penitencias
desde un frío confesionario.

Camila vestía de seda
con fino encaje bordado,
Ladislao sotana negra
con delgado cuello blanco.

Camila decía en silencio:
¡Ladislao, cuánto te amo!
mientras el cura pedía
perdón para sus pecados.

Y así Camila seguía
sentadita frente al piano,
esperando la misiva
que mandaría Ladislao.

¡Por fin llegó la misiva
que guardaba su secreto:
"Hoy te espero, no tardes,
te veo en el campanario".

Camila salió en silencio
apresurando los pasos
para llegar hasta el sitio
donde espera Ladislao.

Ella acarició su pelo,
besó sus manos, sus ojos,
él fue buscando sus labios,
y acariciando sus senos.

Ella virgen le entregaba
de sus primeras caricias
y él a cambio de la vida
que guardó por tantos años.

Y sin poder evitarlo
huyeron a su destino
Camila dejando el piano,
Ladislao misas y libros.

Mas la chusma enardecida
los buscó por todos lados
por Bariloche y La Pampa,
por Mar del Plata y Rosario.

En la penumbra escondidos
ella buscaba su pecho,
y él la abrazaba con fuerza
para alejarla del miedo.

¿Ladislao estás aquí?
-le preguntaba Camila-,
a tu lado eternamente
-le respondía Ladislao.

Ayacucho fue escenario
de aquél terrible momento
en que irrumpieron violentos
dieciocho perros armados.

Los ataron sin clemencia,
y se los llevaron luego,
separando en celdas frías
su sacrílego pecado.

Camila lloraba a solas
al fruto que había en su vientre,
mientras el cura gritaba
¡Yo sé que amar no es pecado!

Resonaron los tambores
entre rezos plañideros,
dos reos hay en un patio,
con los rostros descubiertos.

Son Camila y Ladislao
que esperan su ejecución,
son los amantes odiados
de pie frente al paredón.

Se han levantado los rifles,
ya apuntaron los soldados,
Camila le grita al cura
Ladislao, ¡cuánto te amo!

Y él le contesta sonriendo:
te veré en el campanario
mientras se escucha el estruendo
peculiar de los disparos.

El viento se fue llevando
el sonido y la amargura,
mas no el eco de sus voces
que resuenan todavía:

¿Ladislao estás aquí?
-volvió a preguntar Camila-,
a tu lado eternamente
-le respondió Ladislao.

Juliana:

Recibí Cielotierra, tu enamorado libro, y él me trajo la noticia de que tus sueños comienzan discretamente a cristalizar en realidades. Eso me parece muy bien. Entre tantos Ayatolas que quieren asesinar lapalabra y tantos necios tan absolutamente seguros de su importancia, es un dulce don de febrero recibir tu libro que viene a testimoniarme, por una parte, tu voluntad de hablar y, por la otra, tu duro aprendizaje de las distancias terribles que hay entre la realidad y el deseo. La realidad de tus sentimientos, de tus paisajes, de tus pesadillas, de tus gozos y el deseo -afán poético podríamos llamarlo- de que todo eso se concrete en palabras, las habite y las ilumine. No existe todavía el poeta que lo haya logrado del todo. El material de nuestro trabajo siempre es rebelde; máxime cuando ese material son las palabras previamente manoseadas, empobrecidas, disminuídas por tanto bellaco que no sabe ni lo que dice. Enfermeros de las palabras vendrían a ser los poetas. Ya en algún poema memorable, Octavio Paz se ha ocupado de esta compadecida tarea del poeta moderno que recoge a las palabras de la calle, las alivia, las restaura, las purifica, las tortura, las ama, las

detesta, las toma por el rabo y, si todo va bien, les
devuelve su sentido original y las pone a cantar. En
esa exacta encrucijada se encuentra Cielotierra en -
tanto volumen de poesía. Hay en él plenos indicios de
una belleza que comienza a ser visible, hay también -
vacilaciones, contagios, distracciones narrativas, tie
rras prometidas vistas a lo lejos y a las que no aca-
bamos de llegar. Nada grave. Es un primer volumen.
Su obligación era enumerar los territorios de un poeta,
su registro melódico, el difícil itinerario que se ha
tenido que recorrer para llegar a la palabra: Cantos y
cuentos, infancias distraídas de recuerdo, adolescen-
cias obligatoriamente desgarradas, los amores ideales
carcomidos de pasiones reales, lo vivido y lo imagina-
do, lo deseado y lo evitado, lo aprendido y lo olvida-
do; todo, todo eso desemboca en un primer volumen de
poesía y no es raro que su música se atropelle por -
momentos y que algunas palabras no alcancen ese blanco
preciso. Queda el resto de la vida para templar la li-
ra en su tono exacto. Lo que hoy me hace felicitarte
y felicitarme es saber que esa lira ya existe. Sigue
cantando Juliana.

Afectuosamente

Germán Dehesa.
Febrero de 89.

Otras obras de la autora:

Breve Historia del Cobre Mexicano (1989)

Adiós muerte, adiós (2007)

Con sabores del alma (2009)

A fuego lento (2013)

El Portal de Xoxafí (2014)

TRES: Antología Profética del Tercer Tiempo (2022)

www.ingramcontent.com/pod-product-compliance
Lightning Source LLC
Chambersburg PA
CBHW060650030426
42337CB00017B/2541